ÉGLISE DE LAMBERSART.

ARCHEVÊCHÉ DE CAMBRAI.

PERMIS D'IMPRIMER.

Cambrai, 17 septembre 1850.   BERNARD, *Vic. Cap.*

ÉGLISE DE LAMBERSART.

NOTICE HISTORIQUE

PUBLIÉE A L'OCCASION DE SA RESTAURATION.

SE VEND AU PROFIT DE L'ÉGLISE.

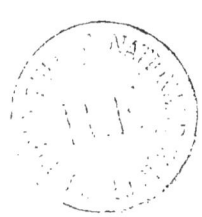

LILLE.
L. LEFORT, IMPRIMEUR-LIBRAIRE.
1850.

ÉGLISE DE LAMBERSART.

L'une des plus touchantes parties de l'histoire catholique, est celle où elle nous montre cette multitude de localités diverses auxquelles le culte des saints et les effets de leur intercession ont attribué une religieuse et durable célébrité.

Ce serait, en même temps, une instructive et édifiante nomenclature, que celle de tous ces lieux vénérés où la protection divine s'est manifestée d'une manière spéciale, par l'intermédiaire des saints et des saintes qui y sont plus particulièrement invoqués et, qui ont été choisis par la piété et la confiance des fidèles pour être les patrons de leurs églises et de leurs chapelles.

Parmi ces localités favorisées compte le village de Lambersart, dont l'église est placée sous l'invocation de saint Calixte, pape.

C'est là que, pendant longtemps, on se rendait en pèlerinage pour obtenir la guérison des maladies d'entrailles. Ce pèlerinage avait acquis une grande célébrité, et l'on doit raisonnablement en conclure l'efficacité des secours que la foi des malades ou de leurs parents venaient y chercher.

Hélas! pourquoi ces douces et pieuses croyances se sont-elles affaiblies? pourquoi tant de lieux autrefois si chers à la vénération des fidèles, qui en rapportaient quelquefois une guérison inattendue, et toujours un surcroît de forces, de résignation et d'espérance? pourquoi ces lieux, jadis si fréquentés, sont-ils maintenant presque délaissés? pourquoi semblent-ils avoir perdu cette vertu propice, qui les faisait visiter par nos ancêtres avec tant de confiance et un empressement si généreux? Serait-ce que cette vertu se serait évanouie et que la puissance des saints aurait diminué? ou plutôt, n'est-ce pas qu'on néglige de recourir à leur intercession et que l'affaiblissement de la foi a pour ainsi dire restreint, fermé, desséché cette multitude de canaux que la bonté de Dieu a comme établis pour appeler plus facilement la prière à lui, et lui donner plus d'efficacité?

Et cependant n'y a-t-il pas autant et d'aussi sérieux motifs que jamais pour y recourir avec l'appui de ceux qui sont nos protecteurs dans le ciel? Si certaines maladies, si certains fléaux qui régnaient anciennement, et qui décimaient ceux qui nous ont précédés, se sont retirés et ont disparu, n'en est-il pas d'autres qui viennent trop souvent jeter l'épouvante, la désolation et la mort au sein de nos populations? N'avons-nous pas vu, dans ces derniers temps, surgir le mystérieux choléra, qui a déjà fait tant de victimes, et contre la malignité duquel ont échoué jusqu'ici les efforts et les lumières de la science? et si contre ces miasmes imperceptibles qui traversent l'air et jettent l'infection dans une localité, dans un pays tout entier, l'art n'a su rencontrer encore aucun remède, n'y a-t-il pas dans la prière d'un cœur humilié, dans cette prière qui, elle aussi, traverse les airs et va pénétrer jusqu'au ciel, une autre puissance mystérieuse et bienfaisante qui est plus que tout autre capable de repousser l'invasion de ces miasmes délétères et de conjurer le mal qu'ils communiquent.

Qu'on nous pardonne cette courte digression, qui nous a paru permise, à l'occasion même de l'église dont nous avons à parler, du Saint à qui elle est consacrée, et de l'efficacité spéciale qui est attribuée à son invocation dans les maladies analogues à celles dont nous venons de rappeler la récente apparition en Europe, ainsi que les ravages lamentables qu'elle a exercés.

Mais revenons plus particulièrement au sujet qui nous occupe.

Le dimanche 22 septembre 1850, une foule immense, accourue de tous les environs, se pressait à Lambersart, arrondissement et canton ouest de Lille, dont il n'est éloigné que de deux kilomètres. C'était pour le modeste village le retour d'un de ces beaux jours que lui a valus si longtemps le pèlerinage de saint Calixte. Une touchante cérémonie avait lieu pour inaugurer la restauration de sa vieille église, sur laquelle chacun des siècles nombreux qu'elle a vu passer a laissé comme un tribut et une trace spéciale, qui se manifestent dans les différentes modifications qu'ils lui ont fait subir. Ces modifications, auxquelles bien peu de nos monuments religieux ont pu échapper et qui blessent si souvent le goût par de choquants contrastes, emportent cependant avec elles une leçon. Elles présentent, pour ainsi dire, l'image symbolique de ces variations si nombreuses des opinions humaines, qui s'étalent à la surface de la vérité qu'elles ne peuvent entamer, et qu'elles sont forcées de laisser debout et intacte sur ses assises éternelles.

Les derniers changements qui aient été apportés à l'église de Lambersart datent du xviiie siècle, peu de temps avant la tourmente révolutionnaire. Ils devaient naturellement participer des idées et du goût de cette époque, où, sous prétexte de rénovation, on répudiait dans la science artistique, comme dans la science sociale, la tradition chrétienne pour ressusciter, par un triste anachronisme, les souvenirs de l'antiquité païenne.

Mais les idées funestes qui préludaient par cette profanation de l'art chrétien devaient aller plus loin. Bientôt arriva le temps où la guerre fut déclarée au culte catholique tout entier, à ses prêtres, à ses monuments.

L'église de Lambersart put, il est vrai, échapper au marteau destructeur de 93, mais non à ce système de spoliation qui entrait dans l'économie politique de cette fatale époque. Elle se vit arracher ses biens et ses richesses, fruits de la piété et de la reconnaissance ; et lorsque les églises, longtemps fermées, purent rouvrir leurs portes, et qu'ailleurs, dans les environs, on en voyait d'autres, plus heureuses qu'elle, sortir de leurs ruines, et se montrer plus glorieuses qu'autrefois, celle de Lambersart, réduite au plus triste dénûment, ne pouvait secouer la poussière qui semblait la dérober aux regards et la condamner à l'oubli. Cette déplorable situation ne put être de longtemps changée. Ce n'est que dans ces derniers temps que l'église de Lambersart a retrouvé quelque chose de son ancienne splendeur.

C'est ainsi que l'on voit revivre ses anciens vitraux encadrés dans leurs meneaux et que les vieilles dorures ont repris leur premier éclat. La nudité de ses murailles a disparu sous une boiserie monumentale, qui n'est pas seulement un ornement du meilleur style et de la meilleure exécution, mais qui est surtout un enseignement et le plus éloquent qui puisse être donné, puisque chaque panneau encadre des sujets en bas-reliefs représentant les quatorze mystères de la passion du Sauveur.

Là ne se sont pas arrêtées les améliorations nouvelles. Le sanctuaire que déshonorait un ignoble pavé s'est recouvert de dalles en marbre qui s'étendent dans les deux chapelles latérales. Ces deux chapelles, ainsi que le chœur, sont fermées par un système de balustrade dont la partie moyenne se distingue par sa sculpture et son bon style. La chaire a subi d'heureuses transformations qui la mettent en harmonie avec la nouvelle boiserie du pourtour de l'église. L'image de la madone, qu'elle n'avait pu retrouver à la suite des mauvais jours, vient de lui être rendue par un pinceau distingué du département [1]. Enfin, et plus heureuse sous ce rapport qu'elle l'avait été dans le passé, l'église de Lambersart a ressuscité, pour ainsi dire, à une vie plus complète, par la construction d'un orgue dont les sons majestueux font retentir les voûtes étonnées de cette harmonie qui leur était inconnue jusqu'alors [2]. Mais c'est aux cœurs des fidèles que vient surtout parler cette grande voix de l'instrument consacré à la prière : ce sont eux qu'elle anime d'un sentiment sympathique et qu'elle aide à s'élever jusqu'au ciel. Admirable économie du culte catholique, qui sait créer des relations saintes entre les choses de la terre et la pensée d'en haut, et qui, de ces fleurs qui décorent les autels, de cet encens qui brûle et s'élève en une suave fumée, de ces sons qui semblent briser les murs pour monter plus libres vers les régions célestes, fait de chacune de ces choses un avertissement et une excitation à prier et à aimer Dieu avec plus d'ardeur!

Tels étaient les sentiments, les impressions qui remplissaient les cœurs de la multitude, lors de cette cérémonie touchante dont nous rappelons le récent souvenir. Mais lorsqu'au sortir de l'église où la bénédiction du prêtre avait marqué du signe de la consécration cette sorte de vêtement nouveau qu'elle avait revêtu, les nombreux assistants venus du dehors se répandirent dans le village si pittoresque de Lambersart; leur curiosité fut sans doute excitée par l'aspect de ces lieux qui parlent à l'imagination par je ne sais quel attrait

---

[1] M. Lesur, peintre, propriétaire à Lille.
[2] Facteurs, MM. Van Peteghem et Sannier associés à Lille, rue de la Monnaie, 83.

particulier. Peut-être que beaucoup d'entre eux, mus par cet instinct naturel qui nous pousse en même temps à revenir vers le passé et à nous élancer vers l'avenir, ont éprouvé le désir de connaître plus en détail l'origine de Lambersart, les faits qui s'y rattachent. C'est pour satisfaire à ce désir que nous avons cru utile de reproduire ici une partie de la notice composée par un homme qui a laissé dans notre pays des souvenirs précieux à plus d'un titre ; précieux en particulier à la science archéologique, à laquelle il est appelé à rendre, pour ce qui concerne l'archéologie chrétienne, des services éminents dans le poste élevé où la juste confiance du gouvernement l'a placé. Nous voulons parler de M. de Contencin, à qui nous empruntons la plus grande partie des détails qui suivent et qui sont publiés dans le bulletin de la commission historique du département du Nord (tome II). Ils ont été complétés au moyen de quelques documents recueillis par l'autorité ecclésiastique dans les archives de Lambersart et des souvenirs qui se sont conservés au sein de la population. . . . .
. . . .

Quant à l'origine de Lambersart, elle se perd dans la nuit des temps ; et faut-il s'en étonner, quand nous voyons le berceau des plus grandes villes couvert d'un voile impénétrable ? Mais tout nous porte à croire qu'il existait antérieurement au XIIIe siècle, puisqu'avant l'année 1280, il était constitué en fief, au profit de Pierre Neveu, qui n'en fut pas sans doute le premier possesseur. Notre assertion acquiert un degré de plus de probabilité, si nous passons les éléments du nom de notre commune à l'épreuve de l'étymologie.

Dans le vieil idiome, *sart* signifie une terre stérile, couverte de ronces. Si l'on rapproche cette signification de la tradition locale, qui veut que l'église primitive ait été élevée au milieu d'une forêt, l'étymologie commencera à prendre une certaine consistance de preuves. Ce serait donc sur un sol aride ou désert, que la main de l'homme devait bientôt changer en vertes et riantes prairies, en riches et féconds guérets que notre village aurait pris naissance.

Le mot *Lambert*, qui précède celui de *sart*, désignerait l'un des premiers propriétaires du fief, comme *Aybert* et *Libert* auraient été ceux des fiefs secondaires que comprenait la paroisse, avec les seigneuries de *la Motte, la Cessoie, le Becque* et *Lassus*; ce qui donne une idée de l'importance qu'elle dut avoir même dès ces temps reculés. Disons en passant que la famille qui fut la dernière en possession du fief de Lambersart, fut celle des *Sarrazin*, à la mémoire de laquelle, est érigé, dans l'église même, un monument en marbre et en haut-relief, représentant le seigneur et sa dame agenouillés devant un Christ. De plus on lit l'inscription suivante, portant le nom du même personnage, sur la cloche qui existe encore aujourd'hui : *Iean Sarrazin, escvier, S.r de Lambersart, d'Allennes, Villers, estant pasteur M.e Antoine Carpentier, m'a donné à nom Iesus. Laus Deo.*

Quant à la maison seigneuriale, il ne reste de supposée comme telle, que celle qui, située à l'angle de la rue qui conduit du cimetière au pavé de Lille, est aujourd'hui à l'usage de cabaret sous l'enseigne *du Château*. L'écusson des armes des Sarrazin, encastré dans la muraille extérieure, et une cheminée en pierre assez artistement sculptée, sont les seuls objets qu'elle présente de remarquable. Toutefois la forme et la distribution du bâtiment, la dimension des greniers, des anneaux énormes en fer, attachés au sommier comme pour supporter une balance, font supposer que c'était tout au plus une demeure de garde-chasse.

ou un magasin destiné à recevoir les redevances seigneuriales en nature.

Que s'est-il passé durant les longues années qui se sont écoulées depuis le xiiie siècle? Lambersart eut à souffrir des pillages, des occupations militaires, et autres déprédations résultant des tentatives dirigées contre la ville importante près de laquelle il est situé, ou des brigandages à main armée comme on en rencontre tant d'exemples dans le moyen-âge. Tels sont les seuls faits dont on retrouve la trace.

Ainsi, vers la mi-août 1581, les soldats de la garnison de Menin, s'étant rués sur les propriétés de la châtellenie de Lille, y exercèrent de grands ravages; brûlant l'église de Wambrechies et les maisons qui l'environnaient, pillant Lambersart, Lompret et Lomme. Ils s'étaient même emparé du château de ce dernier village, appartenant au baron de Bassinghem, quand ils apprirent que ce seigneur accourait en forc s pour les châtier, ce qui les détermina à abandonner leur prise. Mais il n'a jamais plus souffert que pendant les évènements du siège mémorable qui a porté si haut le nom du maréchal de Boufflers. C'était en 1708. Tout son territoire fut envahi par l'armée confédérée, les moissons furent ravagées, les champs sillonnés par l'artillerie ennemie, les maisons exposées incessamment aux boulets des assiégés.

On sait que tous les efforts tentés contre la ville de Lille avaient toujours été dirigés vers le sud et l'ouest de la place. Les villages situés du côté opposé, s'étaient ainsi trouvés à peu près à l'abri de l'invasion. Cette fois, au contraire, l'armée, sous les ordres de Marlborough, choisit pour principal théâtre de ses opérations la ligne comprise entre la porte Saint-André et celle de la Magdeleine. Ses établissements occupaient une vaste étendue de pays aux abords de la place. Le prince Eugène, après avoir fait passer la Deûle à ses troupes, les établit depuis Lambersart jusqu'à l'abbaye de Loos. Un parc très-considérable d'artillerie se forma à l'entrée du village de Lambersart, et l'exposa, pendant toute la durée du siège, au feu de la citadelle. On voit, en effet, que dès le 17 août les Anglais se trouvaient tellement incommodés par le canon de la place, qu'ils furent obligés de faire exécuter en toute hâte de grands travaux, afin de se mettre à l'abri et de faciliter l'arrivée des convois de vivres. Mais ces dispositions ne suffirent pas; l'artillerie des remparts, causait chaque jour de nouvelles inquiétudes, et le 31 août une bombe fit sauter, avec un fracas épouvantable, deux magasins de poudre situés auprès du parc. Le village en fut très-endommagé. Le prince d'Orange lui-même, qui avait son quartier-général à Lambersart, courut les plus grands dangers. Si l'on en croit un journal manuscrit de cette époque, le 18 août, pendant que l'on habillait le prince, un boulet brisa la fenêtre de son appartement, lui passa par-dessus l'épaule, très-près du visage, et emporta la tête de son valet de chambre. Le maître, tout couvert du sang et de la cervelle de son serviteur, fut assez heureux pour échapper à un aussi grand péril. Ne voulant plus éprouver de semblables disgraces, ajoute le narrateur, le prince résolut de quitter le village et d'aller s'établir plus loin. On ne connaît plus la maison dans laquelle pénétra le projectile comminatoire.

Ce fut aussi dans notre village que s'établirent les députés des états de la Hollande, pendant que les alliés assiégeaient la ville de Lille.

Tout annonce que, depuis cette époque, Lambersart n'a plus été victime d'aussi déplorables calamités. Si les secousses qui ont agité nos campagnes comme nos villes, sur la fin du siècle dernier, se sont fait sentir dans ce village comme partout, il n'a pas été le dernier à rentrer dans l'ordre, et l'on n'a du moins gardé le souvenir d'aucun de ces actes de féroce exaltation qu'a occasionnés alors la fièvre révolutionnaire. Aujourd'hui, sa population, laborieuse et paisible, est en partie adonnée aux travaux de l'agriculture et en partie à ceux de la ville, dont le voisinage lui permet de fréquenter les ateliers. Nulle part la terre n'est ni mieux cultivée, ni plus fructueuse : impossible de trouver ailleurs de plus jaunes et de plus vigoureux colzas, des blés et des avoines d'une plus riche apparence, des lins plus serrés et plus élancés, des tabacs à plus larges feuilles, des betteraves plus grosses et plus abondantes. Aussi les fermages y sont très-élevés. Le site, s'il n'est pas très-pittoresque, est très-agréable. Beaucoup de citadins ont élevé là de jolies maisons de campagne, où ils vont passer la belle saison. Beaucoup d'autres s'y font enterrer, afin d'éviter sans doute que leurs cendres ne soient un jour troublées par une armée de siège, s'ils les confiaient au cimetière de la ville, situé dans la seconde zône de défense de la place.

L'étendue de la commune de Lambersart est de 625 hectares 91 ares. La population est d'environ 1,200 âmes.

Quoiqu'elle ne fût pas certainement aussi considérable au XIIIe siècle, elle l'était néanmoins assez pour avoir nécessité la construction d'une église, qui remonte à cette époque et dont nous avons spécialement à parler.

Voici ce qu'en disait en 1638 un révérend P. Jésuite qui nous a laissé une histoire des Saints de la province de Lille. *Il se voit une autre église, à Lambersart, près de Lille, assez commode et gentille, qui ne cède point à celle d'Hornain pour l'antiquité, et qui est bien fréquentée par la dévotion des peuples qui viennent en pélérinage encore à présent chaque iour de Lille, et de plusieurs contrées du Pays-Bas, pour honorer notre grand Pontife et martyr St Calixte, luy faire offre de leurs bonnes volontez, et impétrer en échange, ce qui leur est de besoin, soit pour le salut de l'âme, soit pour la santé du corps.*

L'église de Lambersart était placée sous l'autorité du Chapitre de Saint-Pierre de Lille, à qui appartenait la nomination du curé [1]. Comme on vient de le voir, elle a joui jadis d'une certaine célébrité parmi les fidèles, à cause de la grande vénération qu'inspiraient les reliques authentiques du pape martyr, sous l'invocation duquel elle était et se trouve encore placée. Cette fervente dévotion, qui attirait un si grand concours de pèlerins, était due sans doute aux miracles opérés dans l'église de Lambersart, comme dans celle de Cysoing, qui possédait la plus grande partie du corps du saint Pontife, rapporté de Rome par saint Evrard. Cette grande dévotion des fidèles qui venaient en foule se prosterner devant la châsse de notre église, ne permet pas de douter qu'elle n'ait été témoin de guérisons miraculeuses. L'empressement était tel qu'un ministre était exclusivement préposé à la garde et à l'exhibition des reliques, ainsi que nous l'apprend un article du compte-rendu des Marguilliers pour l'année 1536, ainsi conçu :

A Simon Dyllyes, ministre de la chapelle de Saint-Calixte, pour avoir servi et eu en garde les reliques de laditte chapelle et pour les diligenche d'avoir donné à baisier aux pèlerins l'espac et terme de deux ans commenchant le nuyt saint Jehan-Baptiste, XVe vingt et ung et finissant le jour saint Jehan-Baptiste XVe *vingt et trois pour che payet pour lesdits ans.... VI livres.*

Sans doute, le salaire ne semble pas d'abord considérable, eu égard à une aussi grande mission. Six

---

[1] Depuis 1802 elle fesait partie du décanat de Sainte-Catherine, dont elle fut, par ordonnance de son éminence le cardinal Giraud, archevêque de Cambrai, détachée en 1844, pour la faire entrer dans la circonscription du décanat nouvellement érigé de Saint-André, à Lille.

livres pour deux années ! Mais si, d'une part, on tient compte de l'honneur attaché à la fonction, et si d'autre part on considère que, d'après les calculs qui ont été faits, l'entretien d'un gentilhomme ne coûtait, un siècle auparavant, qu'environ dix livres par année, on reconnaîtra que Simon Dyllys recevait une suffisante rémunération.

On lit encore dans les annales de l'église de Lambersart de 1832, qu'aux jours de la terreur elle s'était vue dépouillée de sa plus précieuse richesse, en perdant l'insigne relique de saint Calixte, son patron, si longtemps l'objet de la vénération des fidèles. Plus heureux, quelques religieux de l'Abbaye de Cysoing avaient pu soustraire à la rage révolutionnaire et conserver intactes celles qu'ils possédaient du même Pontife. Le dernier d'entre eux venait d'en remettre une partie à l'église de Lambersart, en 1832, avec les lettres authentiques, revêtues du cachet des chanoines de Reims, lorsque le choléra vint sévir dans le Nord de la France ; on n'a pas oublié le nombre de victimes qu'il fit à Lille et dans les environs ; Lambersart en fut préservé ! Il était bien naturel à ses habitants de l'attribuer, comme ils l'ont fait, à la protection de saint Calixte et à la pieuse générosité qui avait fait rentrer l'église de Lambersart en possession d'une partie de ses reliques et de la confiance qu'elles inspiraient aux fidèles. Lorsque le même fléau reparut en 1849, déjà la terreur était répandue dans toute la paroisse ; bien des victimes avaient succombé ; on en comptait jusqu'à quatre dans une même maison. Une demande est faite à l'archevêché de Cambrai, à l'effet d'autoriser des prières publiques pendant neuf jours, et de les terminer par une procession solennelle à l'honneur de notre saint. Le jour même où cette autorisation est accordée, le fléau cesse entièrement. Ce ne fut que longtemps après qu'on eut encore à regretter deux dernières victimes, à l'une des extrémités de la paroisse.

Saint Calixte, du reste, a plus d'un droit à un culte tout particulier. Ne devrait-il pas être le patron des archéologues ? Car on lui attribue, sinon l'établissement, du moins l'agrandissement du célèbre cimetière *Calepodius*, sur la voie Appienne qui, plus tard, a porté son nom. C'est là, comme on sait, qu'ont été découverts les plus anciennes peintures et les plus remarquables sarcophages de Rome chrétienne.

Revenons à notre église. Le célèbre Buzelin (*Annales Gallo-Flandricæ. Anno* 1600.) l'a recommandée à notre attention, en même temps qu'il nous parle de son patron. Ainsi que nous l'avons déjà dit, l'édifice existait dès les premières années du xiiie siècle. Nous n'en n'aurions pas besoin d'autres preuves que la pierre tumulaire encastrée dans le mur extérieur, côté sud, à droite de la porte latérale. On y a représenté, gravé en méplat, un des anciens curés, agenouillé devant la Vierge assise et portant l'enfant Jésus. Sainte Catherine, que l'on reconnaît à l'instrument de son martyre, paraît présenter le pasteur à la Mère de Dieu. On y voit gravée l'inscription suivante : ✠ *Chi gist cires Joakennes Legraux, jadis curé de cheens* (céans), *qui trépassa l'an mil* cccc (400) *le* 22 *jour de Septembre. Priez Dieu pour ce ame. Amen*[1].

Peut-être cet édifice ne fut-il d'abord qu'une chapelle ; tout semble l'indiquer. Successivement agrandi à mesure que la population s'accroissait, les modifi-

---

[1] La liste de ses successeurs, faute de documents, est restée incomplète jusqu'à nos jours. Voici les noms que nous avons pu recueillir : Antoine Carpentier, de 1584 à 1630. — Jacques Pranger, de 1668 à 1692. — Antoine Verly, de 1697 à 1710. — Gilles-Balthazar Vandenberkem, de 1727 à 1762. — Jacques-Gabriel Duhaut, de 1764 à 1797. — François-Marie Begue, de 1803 à 1814. — François-Joachin Wimille, de 1814 à 1827. — Jean-Jacques-Joseph Bécuwe, de 1827 à 1828. — Pierre-François-Henri Bécuwe, de 1828 à 1846. — Il eut pour successeur le curé actuel, l'abbé Philippe-Alexandre-Joseph Desplanque.

cations qu'il a subies laissent difficilement à deviner ce qu'il était dans l'origine. On peut supposer qu'il consistait en une nef principale, aboutissant à un abside [1] circulaire, avec deux nefs latérales appelées bas-côtés, parce qu'elles ne s'élevaient pas au-delà des travées [2] de la nef principale, qui recevait le jour par des fenêtres percées soutenant des arcades. On voit encore les baies [3] de quatre fenêtres dans la partie de la nef la plus rapprochée du portail. Leur médiocre ouverture et leur amortissement en plein ceintre indiquent assez, en les rapprochant des ogives aiguës, des travées et des colonnes à bases plates de l'époque de transition.

Ce fut vers la fin du XVe siècle qu'eurent lieu les premiers travaux d'agrandissement. Ils consistaient sans doute dans la prolongation de l'église vers l'est, peut-être aussi dans la construction du clocher, qui n'existait pas encore, ou qui aurait été détruit. On voit, en effet, dans un compte manuscrit des marguilliers de Lambersart, pour l'année 1449, qu'un architecte fut chargé de dresser les plans et projets de cette construction. On y lit : *A Wallerand Odent, pour avoir fait le devise du cloquier en la descriptes précédens, quant on y marchanda à luy de le fere et on n'en fist mettre s'en devait avoir pour se devise et escripture* IIII *livres. Appartient à luy pour* XLIIII s. *pour ce icy payer.* LXIIII s.

Le projet de l'artiste semble donc n'avoir pas été mis à exécution, et les quarante-quatre sous sont là comme indemnité des soins qu'il avait donnés à l'étude de son projet.

Par quels motifs les marguilliers ou *gliseurs*, comme

---

[1] Partie demi-circulaire du sanctuaire d'une église, où siégea primitivement l'évêque, et où plus tard on plaça généralement l'autel.

[2] Espace entre deux pilastres ou deux arcades.

[3] Ouvertures pratiquées pour recevoir une porte ou une fenêtre.

on les appelait alors, ont-ils repoussé le projet de *Wallerand?* Le compte ne le dit pas, mais on peut supposer que ce fut par quelque raison d'économie, car on eut recours ensuite à un maître, *Jacques Dumortier* (et ce nom, par parenthèse, nous semble bien trouvé) qui visita les lieux, moyennant des honoraires de 6 sous. Peut-être dirigea-t-il les travaux, qui, tout compte fait, s'élevèrent à la somme d'environ 220 livres, sans compter 54 livres, 12 sous et 6 deniers : *Payés à Jehan Bondus, serrurier pour avoir fait la croix mise sur ledit cloquier pesant* IIII *c.* XIII *livres de fier à* II *s.* VI *d. le livre ;* — LIII *s. à Jehan Duquesne pour ung quoquelet à mettre et mis sur ladite croix, et* IIII *liv.* II *s. à Jehan Fassart, pour avoir peint ladite croix vermeille et pour avoir peint et doret ledit quoquelet.*

Cette comptabilité, assez curieuse pour les renseignements qu'elle donne sur le prix de la main-d'œuvre au XVe siècle, ne l'est pas moins par les détails qu'elle renferme sur la manière d'opérer à cette époque dans l'exécution des travaux d'art. L'église achetait les matériaux, payait les ouvriers, les pour-boires, et délivrait même des salaires en comestibles appelés *despens de bouche* et aussi en vêtements. Ainsi on lit : *A Hennot pour avoir tiré un molliniel amont pour machonner, pour s'acquier les étoffes pour luy avoir ung pourpoing, payet à luy* XXXV *s.*

Cette manière de faire avait quelques rapports avec ce que nous appelons aujourd'hui la voie économique. C'était bien loin encore du système d'adjudication, qui fut pourtant appliqué environ un siècle plus tard, chez nos voisins de Belgique.

De nouveaux travaux furent exécutés dans les commencements du XVIe siècle. Cette fois on ajouta à l'édifice deux chapelles latérales qui lui donnèrent la forme d'une croix latine. Le style seul de cette construction révélerait suffisamment son âge ; mais une date certaine le constate positivement. Cette date, 1504, se voit à la suite de l'antienne *Regina Cœli*, gravée en creux à la retombée de la voûte en bois de la chapelle de la Vierge.

On doit croire que cet agrandissement se serait fait aux frais de l'église, qui alors avait des revenus considérables.

A en juger par un compte de 1523, reposant dans les archives de la commune, ces revenus consistaient dans le produit, tant en argent qu'en nature, de la location des terres appartenant à l'église; dans les produits de la dîme Saint-Calixte, prélevée sur un certain nombre de bonniers de terre appartenant à divers particuliers; dans le produit des *pourchats* et de la vente des denrées offertes à l'église, telles que beurre, pain, œufs, volailles, laquelle vente se faisait tous les dimanches et jours de fête par *cris d'église*; on voit encore le siège sur lequel montait le crieur public : c'est une pierre monumentale, d'une forme angulaire, gothique et d'une belle sculpture; — enfin dans le produit des troncs, des deniers à Dieu, des droits perçus pour baptêmes, mariages et enterrements. Ces divers produits pouvaient s'élever annuellement à 400 livres, ce qui était une somme énorme pour le temps.

Un nouvel accroissement de population rendit nécessaire, en 1624, un nouvel agrandisssement de l'église de Lambersart. Il eut pour objet l'élargissement des nefs collatérales que l'on ramena à l'alignement des chapelles construites en 1504, et l'édifice perdit cette disposition cruciforme que nous signalions tout-à-l'heure.

Peut-être convient-il de rapporter à cette même époque les modifications que le clocher a dû subir. Il est évident que la tour octogonale actuelle, avec sa haute pyramide en ardoises et ses quatre rangées d'abat-sons en manière d'auvents circulaires, n'est plus celle de l'église primitive, ni même celle à laquelle on fit une dépense de 200 livres en 1489. Cette dernière devait avoir une certaine élévation, puisqu'on n'y employa pas moins de trois mille briques à xxxx sols, sans compter les pierres blanches en assez grande quantité, pour avoir occupé pendant quinze jours un tailleur de pierres. Nous voyons, par les comptes que *Piérart de Cauchy, machon, reçut vingt-cinq livres seize sols pour avoir machonnet audit cloquier, ly maistre et ung manouvrier par l'espace de* xxiii *jours à* xxiiii *sols pour eux trois dont il a été content.* De plus un nommé Jehan Dépré tailla des corbeaux [1] en grés mis *dessoubz les aiguilles.* Or il ne reste plus au clocher ni briques ni corbeaux, la maçonnerie peu élevée qui supporte la couverture en ardoises est en pierres blanches, et pourrait bien être la base de la construction qui a disparu. Ne pourrait-on pas admettre que, lors du siège de 1706, alors que les boulets de la place venaient jusque dans les maisons de Lambersart, le clocher de l'église a servi de point de mire aux assiégés et qu'il a assez souffert pour nécessiter une restauration ? L'analogie qui existe entre ce clocher et celui de l'église de St-André, qui a dû subir à la même époque le feu des assiégeants, nous fait penser que ces deux flèches ont été construites à la suite des évènements qui signalèrent à Lille le commencement du xviii° siècle.

Il résulte des détails qui précèdent que l'église se compose aujourd'hui de trois nefs d'égales longueur et largeur sans apparence de *transsept* [2] ; que la nef du milieu aboutit à une abside à pans coupés formant cinq côtés d'un octogone, éclairée par autant de fenêtres ogivales, séparées en deux par un meneau. Celle du fond, qui a conservé son amortissement, a été bouchée à l'intérieur par le tableau du maître-autel, et à

[1] Pierre saillante en forme de console diversement ornée.
[2] Partie qui, dans le plan d'une église, réprésente les branches de la croix.

l'extérieur par un calvaire. C'est avec satisfaction qu'on voit ces meneaux et leurs amortissements reparaître dans leur style primitif aux quatre autres fenêtres du chœur. Nous eussions désiré les revoir à toutes celles où ils existaient autrefois, et nous fesons des vœux pour que de nouvelles ressources permettent de combler cette dernière lacune.

Nous entendons encore d'autres regrets; ils viennent des anciens du village, qui n'oublieront jamais les joyeux accords des quatre grosses cloches, qui allaient porter si haut et si loin le nom de Lambersart. Elles chantaient ensemble, nous disent-ils, *du bon jambon*. Il paraît qu'elles sonnaient d'accord du *sol* au *ré* mineur. Il n'en reste qu'une seule, qu'on présume être la seconde des quatre.

Tel qu'il est, l'aspect extérieur de l'église est d'un effet agréable en se plaçant à l'est. Son abside et les deux pignons de ses nefs latérales se groupent d'une façon pittoresque autour du clocher. La longueur totale, dans œuvre, est de 20 mètres 50 centimètres, la largeur de 17 mètres 75 cent. Les deux premières arcades de la grande nef sont supportées de chaque côté par une colonne cylindrique et par une demi-colonne engagée, dont les chapiteaux très-élevés et à crochets, les bases écrasées et à pattes dans les angles, annoncent que cette partie de l'église est un reste de l'édifice du XIIIe siècle. Nous en dirons autant de la voûte et des lourds piliers carrés qui servent de base au clocher. Les deux nefs latérales se terminent carrément. C'est à la retombée de la voûte en bois de ces chapelles et à l'extrémité des poutrelles, que l'on a sculpté de jolies petites figures représentant d'un côté des chœurs d'anges, et de l'autre les apôtres et les évangélistes. Celles de la chapelle saint Calixte sont surtout d'un joli galbe. Les hautes fenêtres ogivales et trilobées de ces chapelles se trouvent condamnées par deux autels en bois sculptées, d'un travail soigné, mais, comme nous l'avons déjà dit, dans le goût du dernier siècle.

Le même défaut se remarque dans toutes les autres boiseries, soit du chœur, soit des chapelles ou des confessionnaux. Mais si de justes critiques peuvent être adressées au style de ces parties, leur richesse, du moins, est un témoignage trop éclatant de la ferveur des temps où elles furent construites, pour qu'elles ne méritent pas d'être conservées avec soin ; elles publient à la génération présente la dévotion que les générations passées avaient en saint Calixte ; car elles sont entièrement dues aux offrandes qu'apportaient à l'autel de notre saint les nombreux pèlerins qui y accouraient de toutes parts. Le témoignage des anciens nous le constate à défaut de comptes écrits ; car le seul qu'on trouve est le chasserel de 1790, portant recette de la vente d'anciens confessionnaux ; ce qui fait présumer que la boiserie date de cette époque.

Par les nouveaux travaux qui viennent d'être exécutés, l'église se trouve divisée en deux parties distinctes : celle du chœur ou style moderne, et celle du corps de l'église en style gothique. Ce qui a le plus fixé notre attention dans cette dernière partie, c'est le buffet d'orgue, dont l'ensemble avec le portique intérieur nous a paru du plus gracieux effet. Ce portique se rattache avec harmonie à la boiserie encadrant les quatorze stations du chemin de la Croix, qui sont comme autant de chapelles ou monuments funèbres à la mémoire de quatorze familles qui en ont fait les frais. La mention qui est faite ici de leur bonne œuvre sera acceptée par elles comme un hommage de la reconnaissance qui leur est due.

Honneur aussi à la piété généreuse de ces familles de Lambersart qui, par une cotisation spontanée, se sont empressées de contribuer à la restauration de leur église.

On le voit : la pieuse générosité des fidèles n'a pas manqué aux améliorations considérables que réclamait l'état pour ainsi dire délabré dans lequel se trouvait l'église de Lambersart. Mais, si beaucoup a été fait, beaucoup reste encore à faire pour honorer dignement la majesté de Dieu, qui repose dans ce temple, et le culte particulier du saint sous l'invocation duquel il est placé. Trop heureux cet opuscule si, en rappelant les secours qui peuvent être demandés avec confiance à l'intercession de saint Calixte, en présence de ces réapparitions malheureusement trop fréquentes du fléau moderne, il faisait naître dans les cœurs le désir de ramener, au sein des populations, l'ancienne foi qu'inspiraient ses reliques ! Trop heureuses les courtes pages qui précèdent, si en propageant ces sentiments, elles étendaient dans un plus large rayon le renom de la vieille et pittoresque église de Lambersart, et si elles concouraient à attirer vers elle une sorte d'adoption générale, à laquelle elle a, ce semble, quelques droits ! C'est dans cette extension d'une pieuse sympathie que nous plaçons nos espérances pour voir achever l'œuvre de restauration qui a été si heureusement commencée, et qu'il serait doux à la Religion de reporter sur le concours des nombreuses populations au milieu desquelles l'église de Lambersart se trouve placée !

FIN.

www.ingramcontent.com/pod-product-compliance
Lightning Source LLC
Chambersburg PA
CBHW060901050426
42453CB00011B/2071